AF221608

Impressum
Verlag: BABADADA GmbH, Nedderfeld 112 , 22529 Hamburg
Geschäftsführer / Verlagsleitung: Harald Hof
Druck: Books on Demand GmbH, In de Tarpen 42, 22848 Norderstedt

Imprint
Publisher: BABADADA GmbH, Nedderfeld 112 , 22529 Hamburg, Germany
Managing Director / Publishing direction: Harald Hof
Print: Books on Demand GmbH, In de Tarpen 42, 22848 Norderstedt, Germany

škola

xue xiao

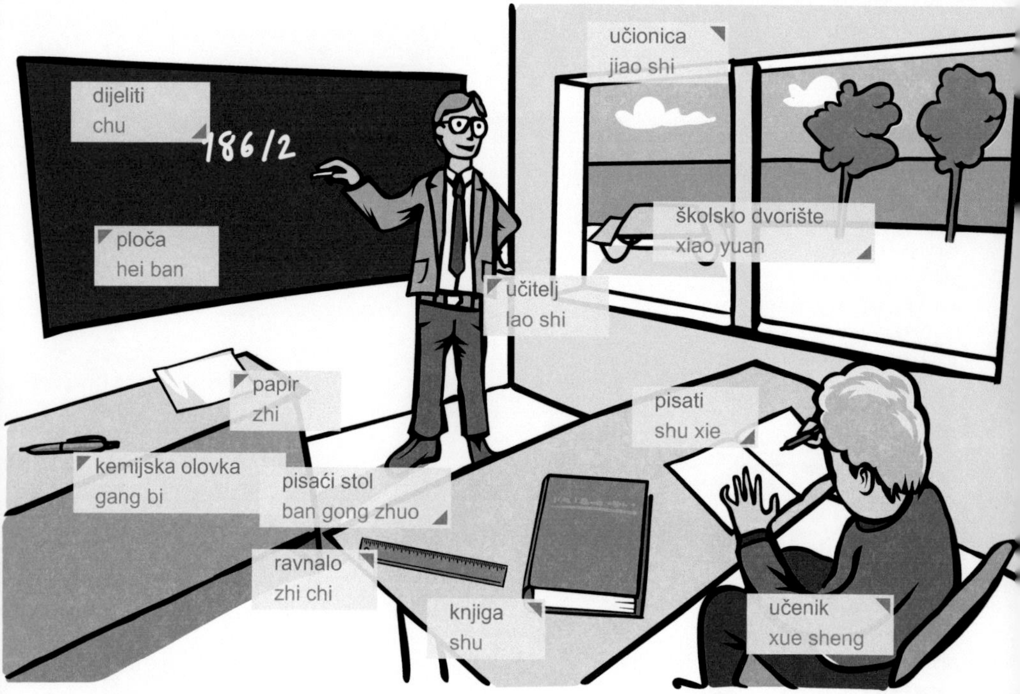
učionica
jiao shi
dijeliti
chu
186/2
ploča
hei ban
školsko dvorište
xiao yuan
učitelj
lao shi
papir
zhi
pisati
shu xie
kemijska olovka
gang bi
pisaći stol
ban gong zhuo
ravnalo
zhi chi
knjiga
shu
učenik
xue sheng

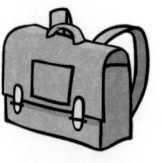

torba

shu bao

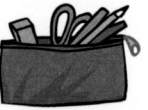

pernica

qian bi he

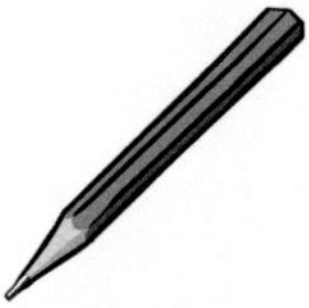

grafitna olovka

qian bi

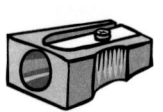

šiljilo za olovke

juan bi dao

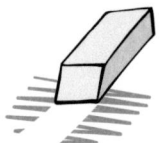

gumica za brisanje

xiang pi ca

blok za crtanje

hua ban

crtež

tu hua

kist

hua bi

kutija s bojama

yan liao he

makaze

jian dao

ljepilo

jiao shui

bilježnica

lian xi ce

domaći zadatak

jia ting zuo ye

broj

shu zi

sabirati

jia

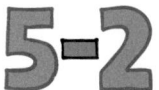

oduzimati

jian

množiti

cheng

računati

ji suan

slovo

zi mu

abeceda

zi mu biao

riječ

zi

tekst

ke wen

čitati

du

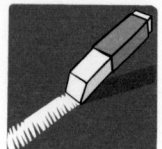

kreda

fen bi

sat

shang ke

dnevnik

deng ji

ispit

kao shi

svjedodžba

zheng shu

školska uniforma

xiao fu

obrazovanje

jiao yu

leksikon

bai ke quan shu

sveučilište

da xue

mikroskop

xian wei jing

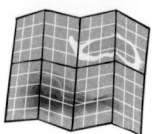

karta

di tu

košara za papir

fei zhi kuang

putovanje
lü xing

Grand
hotel
jiu dian
prenoćište
qing nian lü xing she
mjenjačnica
wai bi dui huan chu
kofer
shou ti xiang
auto
qi che

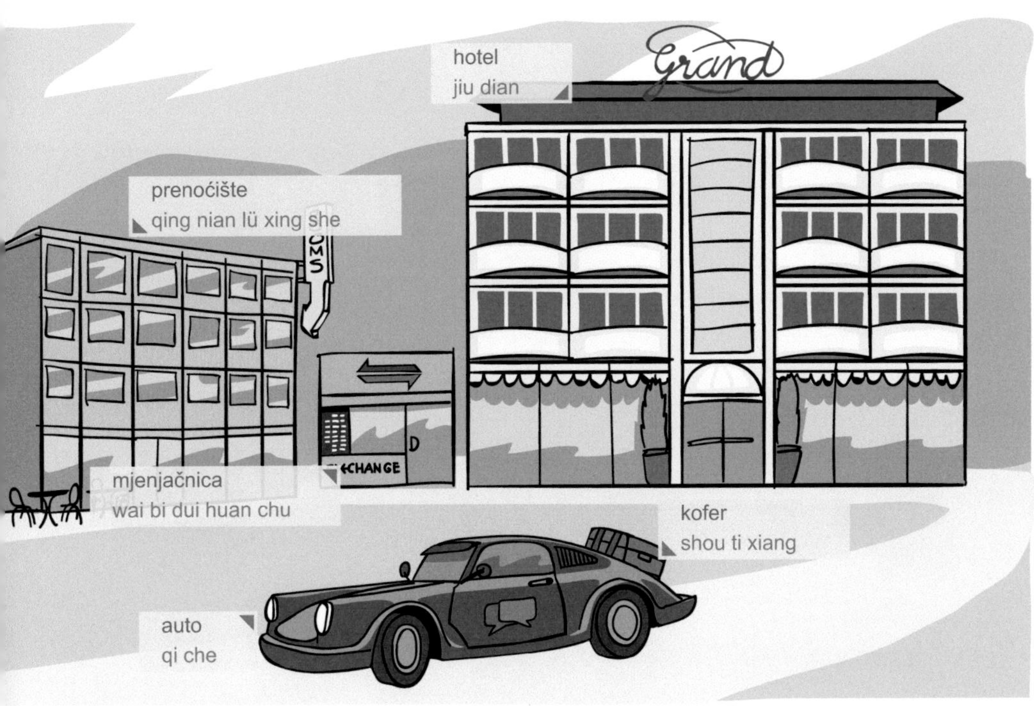

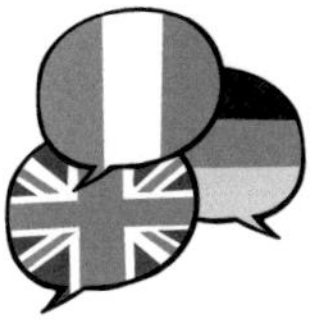

jezik

yu yan

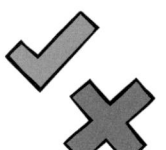

da / ne

shi/fou

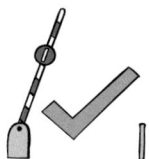

okay

hao de

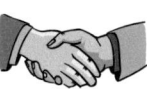

zdravo

nin hao

prevoditelj

fan yi yuan

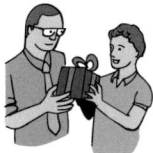

hvala

xie xie

Koliko košta...?

......duo shao qian?

ne razumijem

wo bu ming bai

problem

wen ti

dobro veče!

wan shang hao!

Dobro jutro!

zao shang hao!

Laku noć!

wan an!

doviđenja

zai jian

smjer

fang xiang

prtljaga

xing li

torba

bao

ruksak

shuang jian bao

gost

ke ren

soba

fang jian

vreća za spavanje

shui dai

šator

zhang peng

turističke informacije

lü you xin xi

plaža

hai tan

kreditna kartica

xin yong ka

doručak

zao can

ručak

wu can

večera

wan can

karta za vožnju

piao

dizalo

dian ti

poštanska markica

you piao

granica

bian jie

carina

hai guan

ambasada

da shi guan

viza

qian zheng

putovnica

hu zhao

transport
jiao tong yun shu

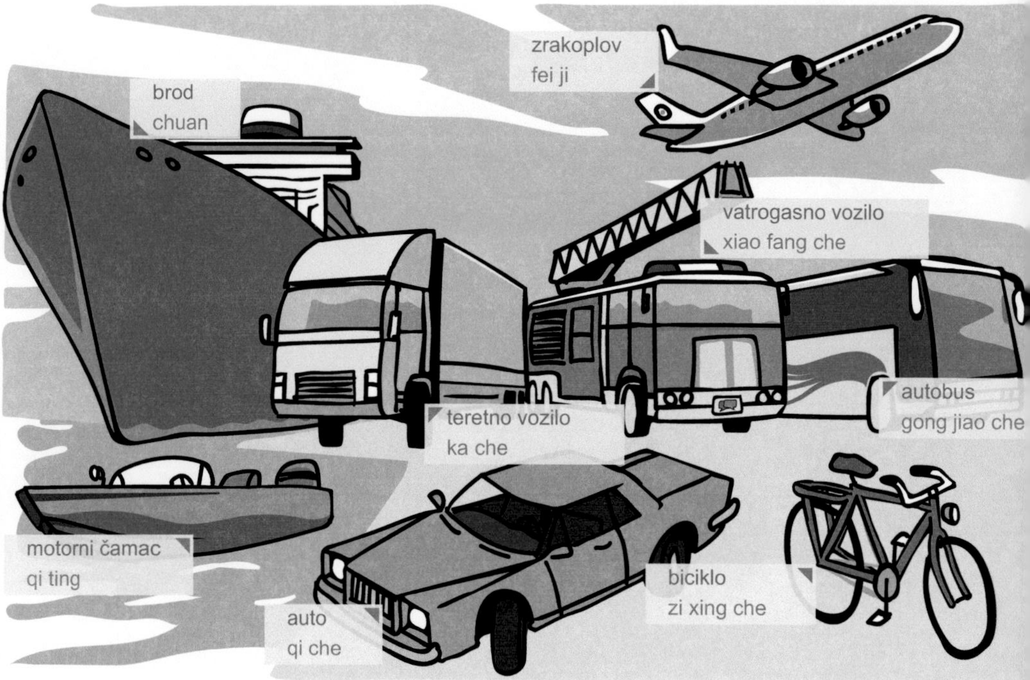

zrakoplov
fei ji

brod
chuan

vatrogasno vozilo
xiao fang che

autobus
gong jiao che

teretno vozilo
ka che

motorni čamac
qi ting

biciklo
zi xing che

auto
qi che

trajekt

bai du chuan

čamac

xiao chuan

motocikl

mo tuo che

policijski auto

jing che

trkaći auto

sai che

iznajmljeno auto

zu che

dijeljenje automobila

pin che

vučno vozilo

tuo che

vozilo za odvoz smeća

la ji che

motor

fa dong ji

benzin

qi you

benzinska postaja

jia you zhan

prometni znak

jiao tong biao zhi

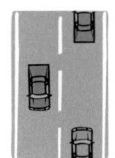

promet

jiao tong

zastoj

jiao tong du sai

parkiralište

ting che chang

kolodvor

huo che zhan

šine

gui dao

vlak

huo che

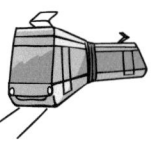

tramvaj

dian che

vagon

huo che

helikopter

zhi sheng ji

zrakoplovna luka

ji chang

toranj

ta

putnik

cheng ke

kontejner

ji zhuang xiang

karton

zhi ban xiang

kolica

shou tui che

košara

lan zi

uzletjeti / sletjeti

qi fei/jiang luo

grad
cheng shi

selo

cun zhuang

centar grada

shi zhong xin

kuća

fang zi

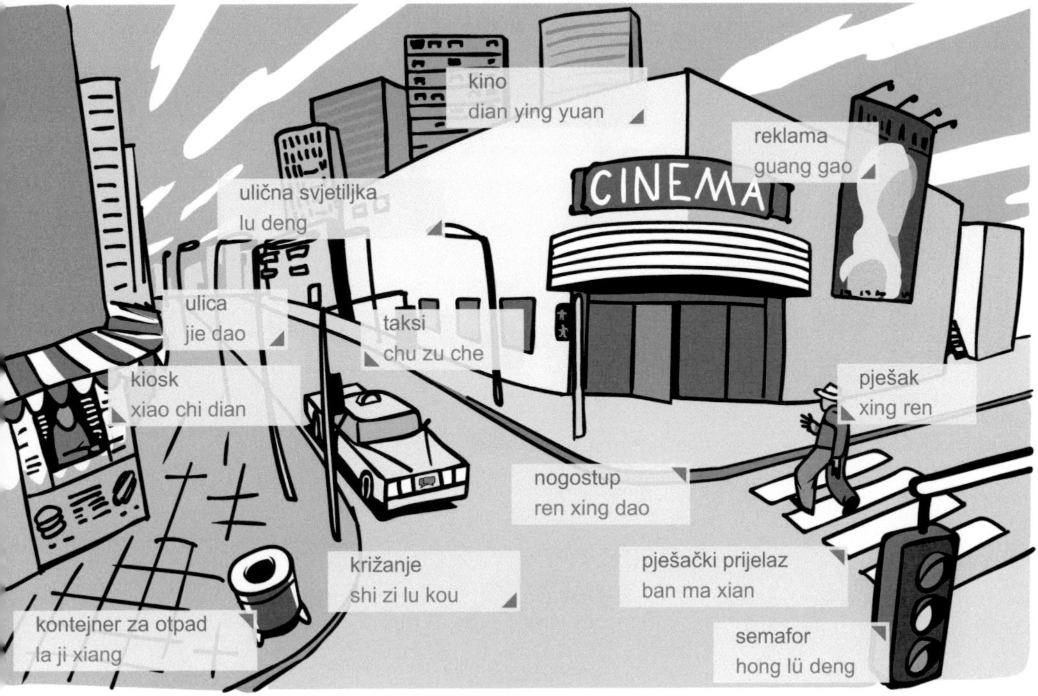

kino
dian ying yuan
reklama
guang gao
CINEMA
ulična svjetiljka
lu deng
ulica
jie dao
taksi
chu zu che
kiosk
xiao chi dian
pješak
xing ren
nogostup
ren xing dao
križanje
shi zi lu kou
pješački prijelaz
ban ma xian
kontejner za otpad
la ji xiang
semafor
hong lü deng

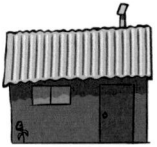

koliba

xiao wu

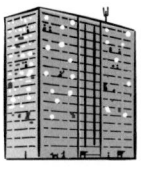

stan

gong yu

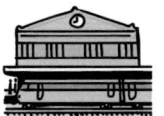

kolodvor

huo che zhan

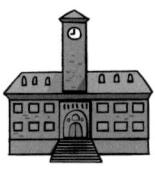

vijećnica

shi zheng ting

MUSEUM

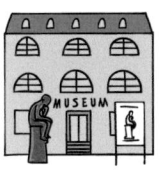

muzej

bo wu guan

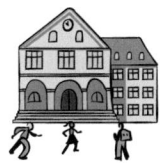

škola

xue xiao

sveučilište

da xue

banka

yin hang

bolnica

yi yuan

hotel

jiu dian

ljekarna

yao fang

ured

ban gong shi

knjižara

shu dian

prodavaonica

shang dian

cvjećara

hua dian

supermarket

chao shi

trg

shi chang

robna kuća

bai huo shang dian

ribarnica

yu dian

trgovački centar

gou wu zhong xin

luka

hai gang

park

gong yuan

klupa

chang deng

most

qiao

stepenice

lou ti

podzemna željeznica

di tie

tunel

sui dao

autobusna stanica

gong jiao che zhan

bar

jiu ba

restoran

can guan

poštansko sanduče

you tong

ulični znak

lu biao

parkirni sat

ting che ji shi qi

zoološki vrt

dong wu yuan

bazen

you yong guan

džamija

qing zhen si

seosko gazdinstvo

nong chang

zagađenje okoliša

wu ran

groblje

mu di

crkva

jiao tang

igralište

cao chang

hram

si miao

krajolik

di xing

list
shu ye

putokaz
zhi shi pai

put
lu

livada
cao di

kamen
shi tou

drvo
shu

šetač
tu bu lü xing zhe

rijeka
he

trava
cao

cvijet
hua

dolina

xia gu

planina

shan

jezero

hu

šuma

sen lin

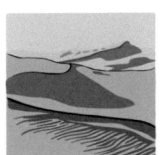

pustinja

sha mo

vulkan

huo shan

dvorac

cheng bao

duga

cai hong

gljiva

mo gu

palma

zong lü shu

moskito

wen zi

muha

cang ying

mrav

ma yi

pčela

mi feng

pauk

zhi zhu

buba

jia chong

žaba

qing wa

vjeverica

song shu

jež

ci wei

zec

ye tu

sova

mao tou ying

ptica

niao

labud

tian e

divlja svinja

ye zhu

jelen

lu

los

mi lu

nasip

shui ba

vjetrenjača

feng li fa dian ji

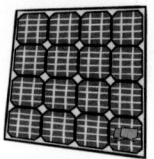

solarna ploča

tai yang neng dian chi ban

klima

qi hou

restoran
can guan

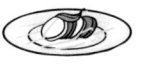

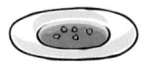

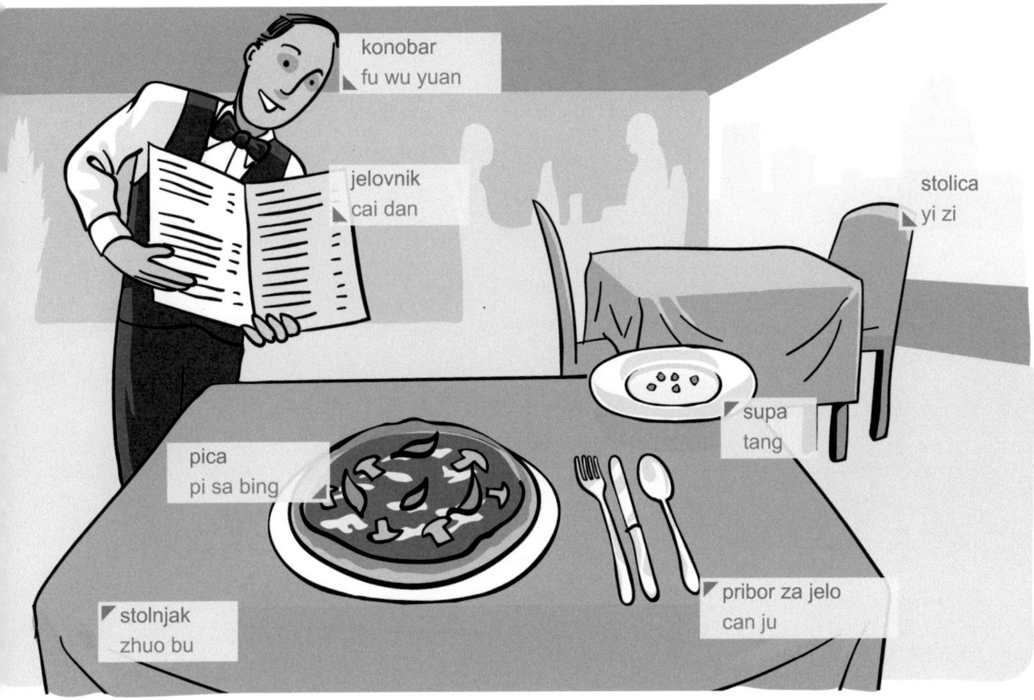
konobar
fu wu yuan
jelovnik
cai dan
stolica
yi zi
supa
tang
pica
pi sa bing
pribor za jelo
can ju
stolnjak
zhuo bu

predjelo
qian cai

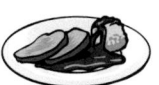

glavno jelo
zhu cai

desert
tian dian

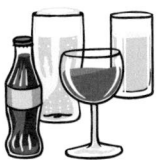

napitci
yin liao

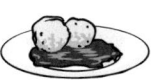

jelo
shi wu

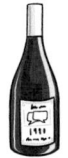

boca
ping zi

fastfood

kuai can

imbis hrana

jie bian xiao chi

čajnik

cha hu

doza za šećer

tang he

porcija

yi fen fan cai

aparat za espresso

yi shi ka fei ji

visoka stolica

gao jiao yi

račun

zhang dan

pladanj

tuo pan

nož

dao

vilica

can cha

žlica

shao zi

čajna žlica

cha chi

ubrus

can jin

čaša

bo li bei

tanjur

die zi

tanjur za supu

tang pan

tanjurić

die zi

sos

jiang

soljenka

yan ping

mlin za biber

hu jiao mo

ocat

cu

ulje

shi yong you

začini

tiao wei liao

kečap

fan qie jiang

senf

jie mo

majoneza

dan huang jiang

supermarket

chao shi

ponuda
te jia
FOR
kupac
gu ke
mliječni proizvodi
ru zhi pin
voće
shui guo
kolica za kupnju
gou wu che

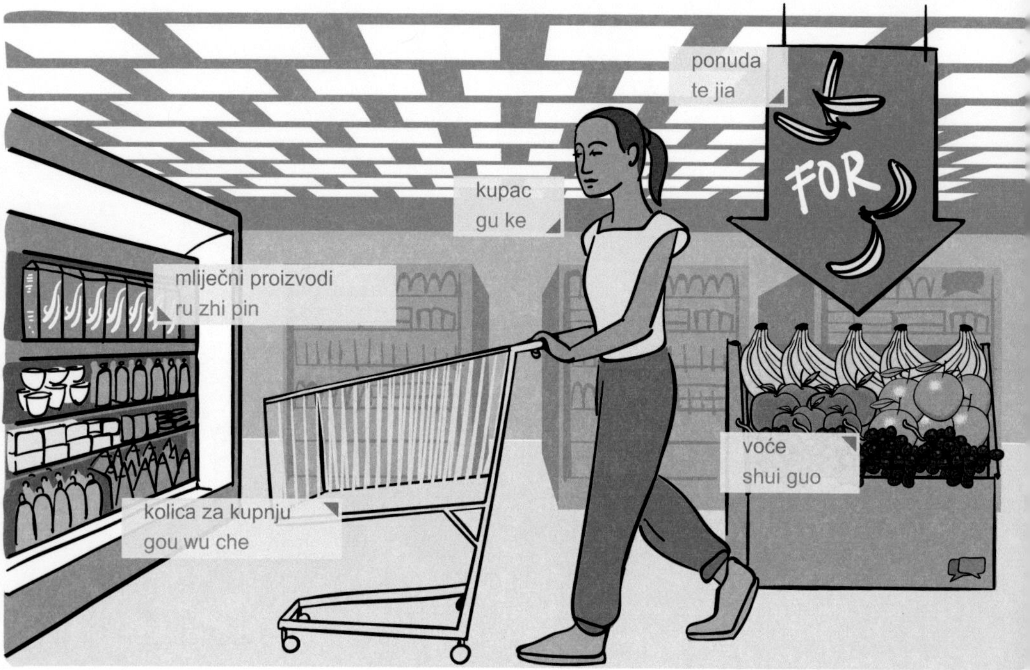

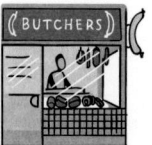

BUTCHERS

mesnica

rou pu

BAKERY

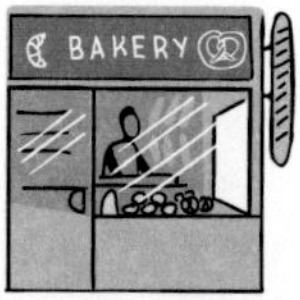

pekarnica

mian bao fang

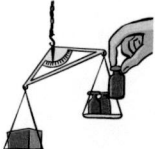

vagati

cheng zhong

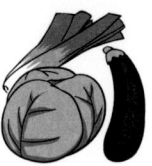

povrće

shu cai

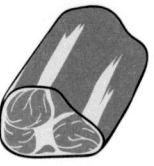

meso

rou

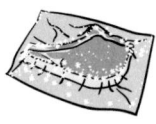

duboko smrznuta hrana

leng dong shi pin

narezak

leng pan

konzerve

guan tou shi pin

sredstvo za pranje

xi yi fen

slatkiši

tian shi

artikli za domaćinstvo

ri yong pin

sredstva za čišćenje

qing jie yong pin

prodavačica

xiao shou yuan

blagajna

shou yin ji

blagajnik

shou yin yuan

lista za kupnju

gou wu qing dan

vrijeme rada

kai fang shi jian

novčanik

qian bao

kreditna kartica

xin yong ka

torba

dai zi

plastična vrećica

su liao dai

voda

shui

sok

guo zhi

mlijeko

niu nai

cola

ke le

vino

hong jiu

pivo

pi jiu

alkohol

jiu

kakao

ke ke

čaj

cha

kava

ka fei

espresso

yi shi nong suo ka fei

cappuccino

ka bu qi nuo

banana

xiang jiao

jabuka

ping guo

naranča

cheng zi

lubenica

xi gua

limun

ning meng

mrkva

hu luo bo

češnjak

da suan

bambus

zhu zi

luk

yang cong

gljiva

mo gu

orašasti plodovi

jian guo

rezanci

mian tiao

špagete
....
yi da li mian tiao

riža
....
mi fan

salata
....
sha la

pomfrit
....
shu tiao

pečeni krumpir
....
zha tu dou

pica
....
pi sa bing

hamburger
....
han bao bao

sendvič
....
san ming zhi

šnicla
....
zha zhu pai

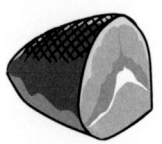

pršut
....
huo tui

salama
....
sa la mi

kobasica
....
xiang chang

kokoš
....
ji rou

pečenje
....
kao rou

riba
....
yu

zobene pahuljice

yan mai pian

musli

mu zi li

kukuruzne pahuljice

yu mi pian

brašno

mian fen

roščić

yang jiao mian bao

pecivo

mian bao juan

kruh

mian bao

toast

kao mian bao

keksi

bing gan

maslac

huang you

svježi sir

ning ru

kolač

dan gao

jaje

dan

jaje na oko

jian dan

sir

nai lao

sladoled

bing ji lin

šećer

tang

med

feng mi

marmelada

guo jiang

nugat krema

qiao ke li jiang

curry

ga li fan

seosko gazdinstvo
nong chang

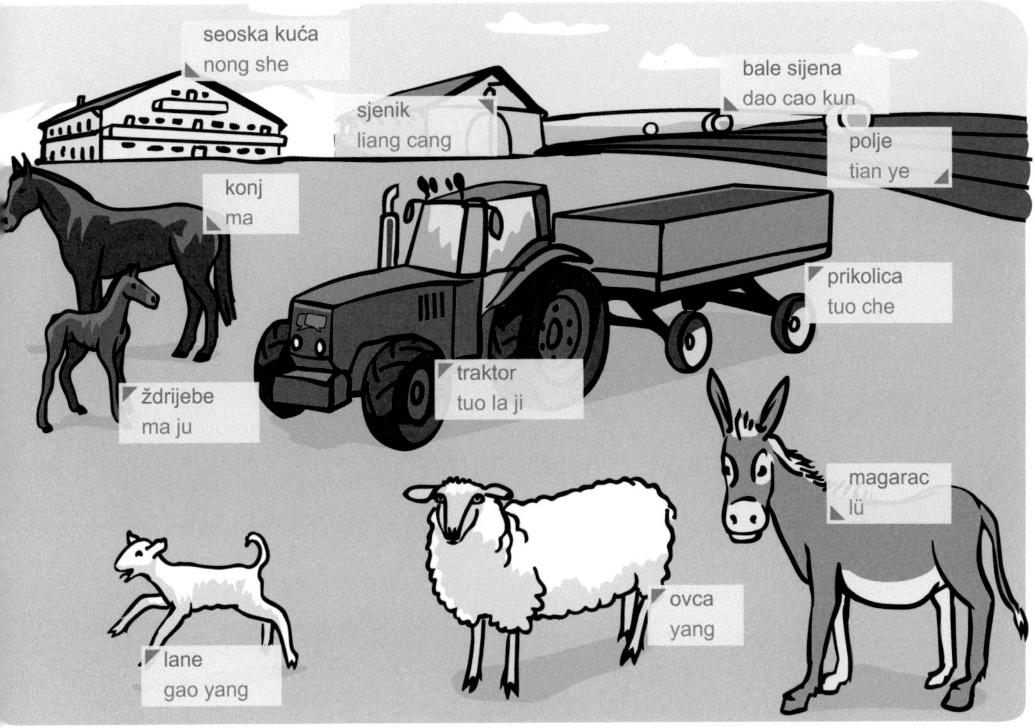
seoska kuća
nong she
sjenik
liang cang
bale sijena
dao cao kun
polje
tian ye
konj
ma
prikolica
tuo che
traktor
tuo la ji
ždrijebe
ma ju
magarac
lü
ovca
yang
lane
gao yang

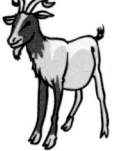

koza
shan yang

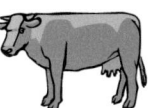

krava
nai niu

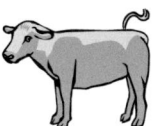

tele
niu du

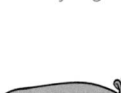

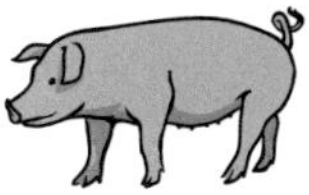

svinja
zhu

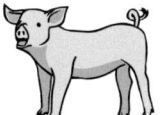

prase
xiao zhu

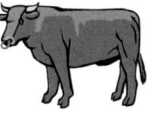

bik
gong niu

guska

e

patka

ya

pilići

xiao ji

kokoš

mu ji

pijetao

gong ji

pacov

shu

mačka

mao

miš

lao shu

vol

niu

pas

gou

kućica za psa

gou wu

vrtno crijevo

hua yuan jiao shui ruan guan

kanta za polijevanje

sa shui hu

kosa

chang bing da lian dao

plug

li

srp

lian dao

motika

chu tou

vilica za gnojivo

chang bing cao pa

sjekira

fu tou

tačke

du lun shou tui che

korito

si liao cao

posuda za mlijeko

niu nai guan

vreća

ma bu dai

ograda

zha lan

štala

ma jiu

staklenik

wen shi

zemlja

tu rang

sjeme

zhong zi

gnojivo

fei liao

kombajn

lian he shou ge ji

žanjati

shou ge

žetva

shou ge

yams začin

shan yao

pšenica

xiao mai

soja

da dou

krumpir

tu dou

kukuruz

yu mi

uljana repica

you cai zi

voćka

guo shu

gomolj manioke

shu shu

žitarice

gu wu

kuća
fang zi

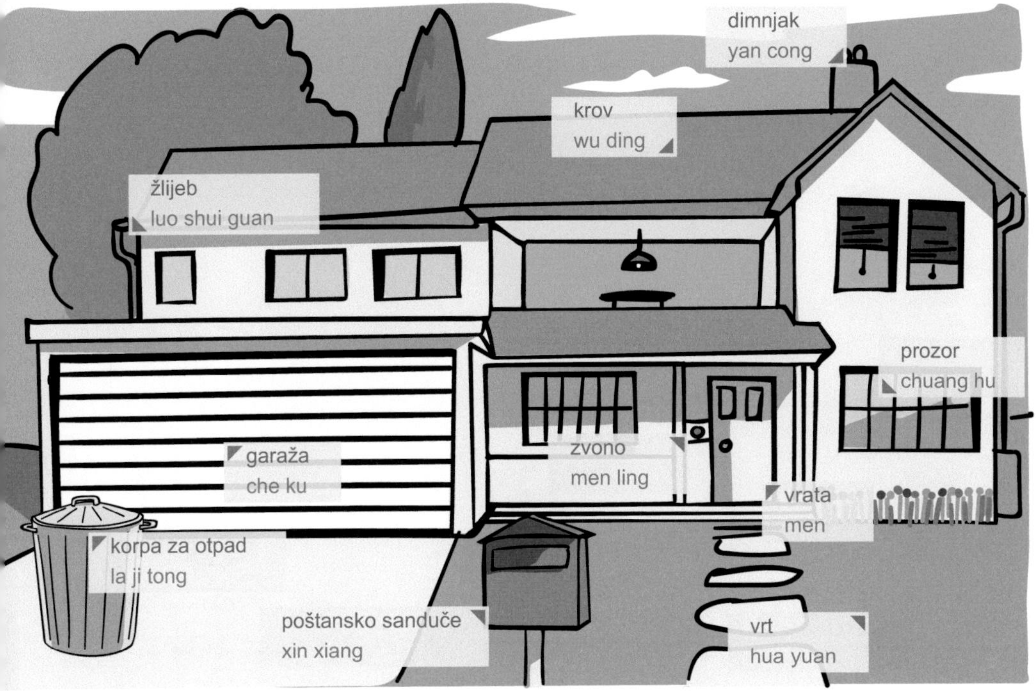

dimnjak
yan cong
krov
wu ding
žlijeb
luo shui guan
prozor
chuang hu
zvono
men ling
garaža
che ku
vrata
men
korpa za otpad
la ji tong
poštansko sanduče
xin xiang
vrt
hua yuan

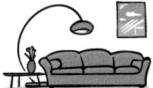

dnevna soba

ke ting

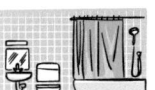

kupaonica

yu shi

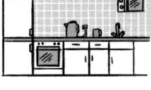

kuhinja

chu fang

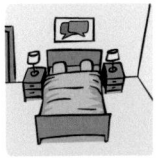

spavaća soba

wo shi

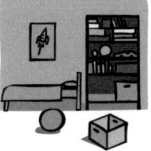

dječija soba

er tong fang

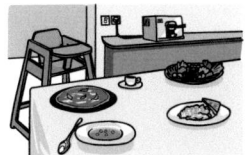

trpezarija

can ting

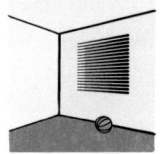

pod

di ban

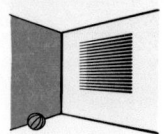

zid

qiang bi

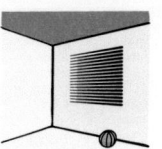

strop

diao ding

podrum

di jiao

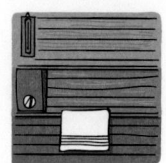

sauna

sang na

balkon

yang tai

terasa

lu tai

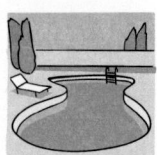

bazen

you yong chi

kosilica za travu

ge cao ji

posteljina za krevet

bei dan

deka za krevet

chuang zhao

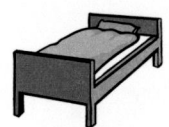

krevet

chuang

metla

sao zhou

kanta

shui tong

sklopka

kai guan

dnevna soba
ke ting

tapeta
bi zhi
slika
zhao pian
svjetiljka
tai deng
regal
ge jia
ormar
chu gui
televizija
dian shi ji
kamin
bi lu
cvijet
hua
jastuk
dian zi
kauč
sha fa
vaza
hua ping
daljinski upravljač
yao kong qi

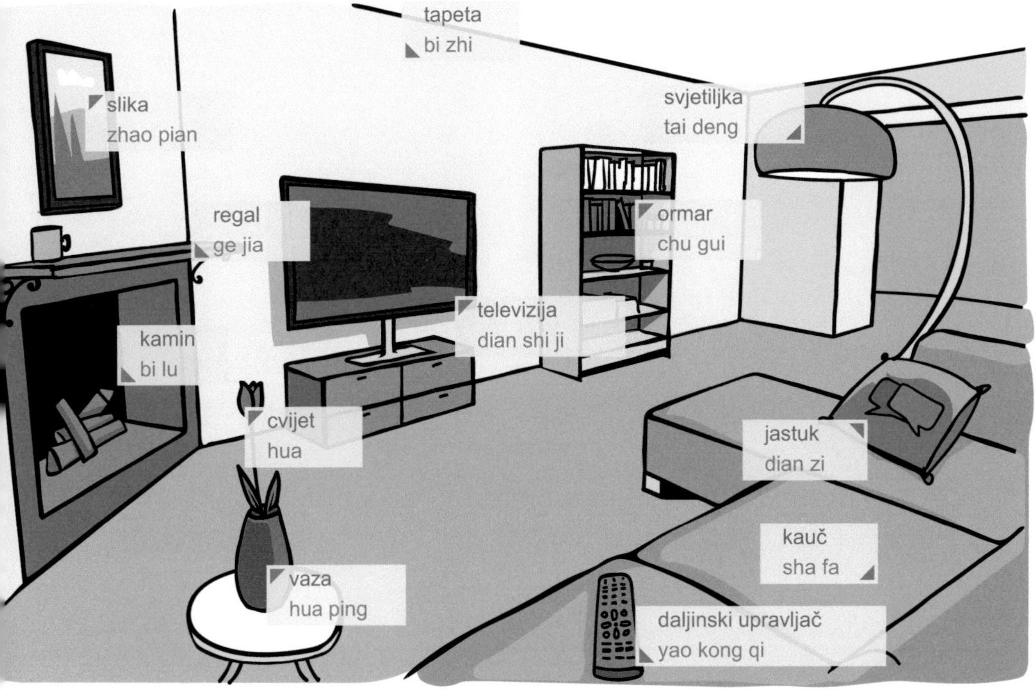

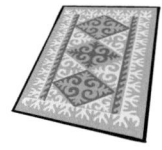

tepih

di tan

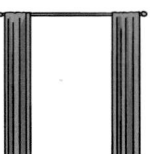

zavjesa

chuang lian

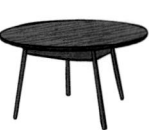

stol

can zhuo

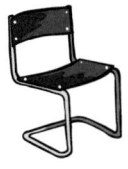

stolica

yi zi

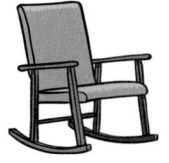

stolica za njihanje

yao yi

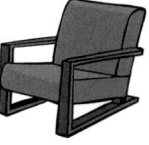

fotelja

fu shou yi

knjiga

shu

deka

tan zi

dekoracija

zhuang shi pin

drvo za ogrjev

mu chai

film

dian ying

stereo uređaj

gao bao zhen yin xiang

ključ

yao shi

novine

bao zhi

slika na platnu

you hua

poster

hai bao

radio

shou yin ji

blok za pisanje

bi ji ben

usisavač

xi chen qi

kaktus

xian ren zhang

svijeća

la zhu

kuhinja
chu fang

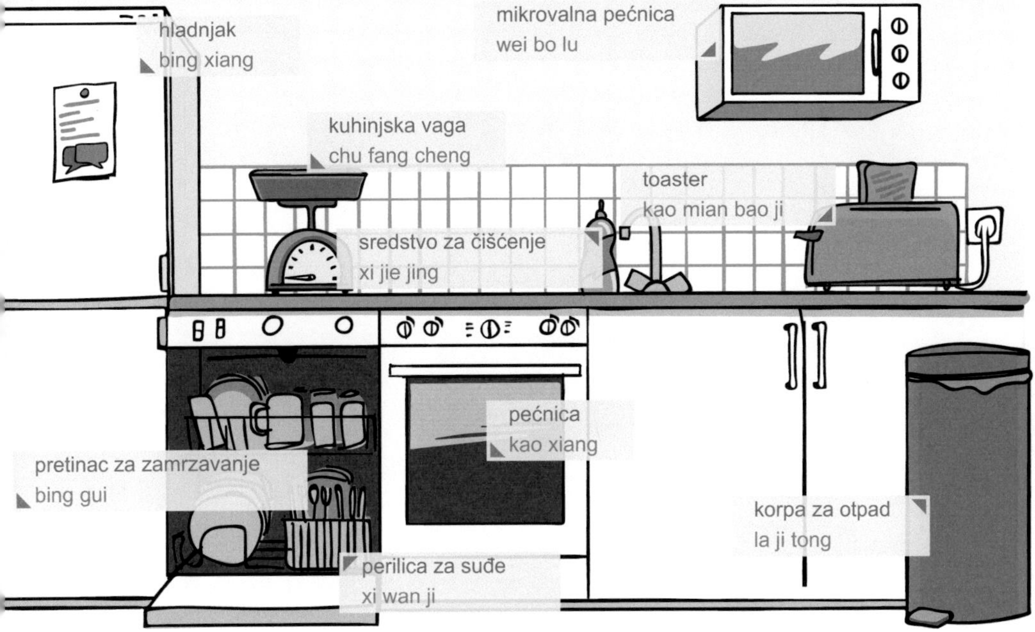

hladnjak
bing xiang
mikrovalna pećnica
wei bo lu
kuhinjska vaga
chu fang cheng
toaster
kao mian bao ji
sredstvo za čišćenje
xi jie jing
pećnica
kao xiang
pretinac za zamrzavanje
bing gui
korpa za otpad
la ji tong
perilica za suđe
xi wan ji

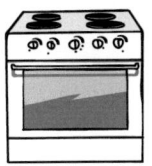

štednjak

chui ju

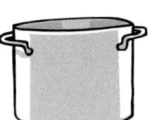

lonac

guo

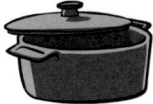

željezni lonac

zhu tie guo

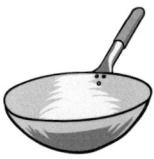

wok / kadai

sha guo

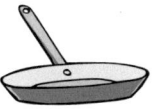

tava

ping di guo

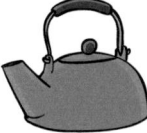

kuhalo za vodu

shui hu

kuhalo na paru

zheng guo

lim za pečenje

kao pan

posuđe

tao ci guo

čaša

ma ke bei

zdjela

wan

štapići za jelo

kuai zi

kutljača

chang bing shao

lopatica

chan zi

pjenjača

jiao ban qi

sito za kuhanje

lü wang

sito

shai zi

ribež

mo sui ji

mužar

yan bo

roštilj

shao kao

ognjište

ming huo

daska

cai ban

oklagija

gan mian zhang

vadičep

kai ping qi

konzerva

guan zi

otvarač konzervi

kai ping qi

krpa za lonac

ge re shou tao

sudoper

shui cao

četka

shua zi

spužva

hai mian

mikser

jiao ban ji

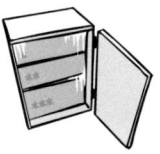

zamrzivač

leng cang xiang

bočica za bebe

nai ping

slavina za vodu

shui long tou

kupaonica

yu shi

tuš
lin yu
grijanje
gong nuan she bei
ručnik
mao jin
zavjesa za tuš
yu lian
pjenušava kupka
pao mo yu
kada
yu gang
čaša
bo li bei
perilica za rublje
xi yi ji
slavina za vodu
shui long tou
pločice
ci zhuan
dječja kahlica
bian hu
sudoper
shui cao

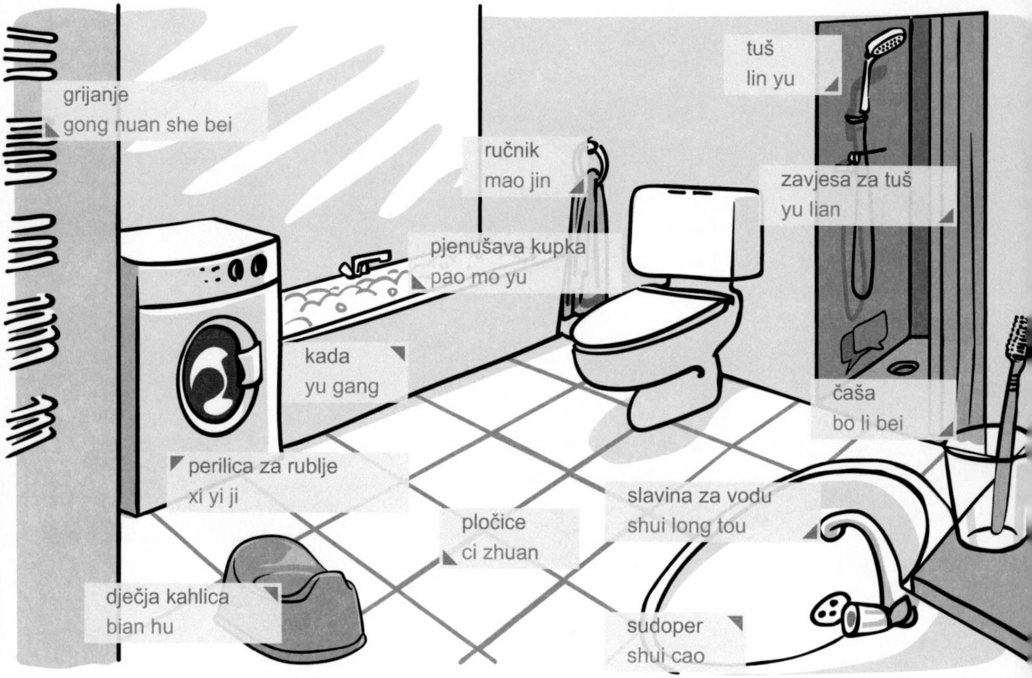

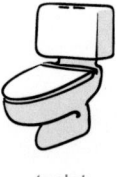

toalet

ce suo

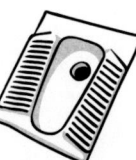

čučavac

dun bian qi

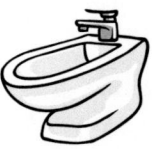

bidet

zuo yu qi

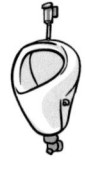

pisoar

xiao bian chi

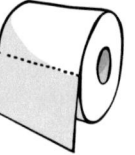

papir za toalet

ce zhi

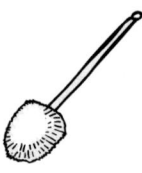

četka za toalet

ma tong shua

četkica za zube

ya shua

pasta za zube

ya gao

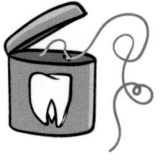

konac za zube

ya xian

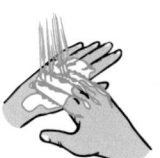

prati

xi

tuš ručica

shou chi shi pen lin tou

tuš za pranje intimnih dijelova

chong xi qi

lavor

xi lian pen

četka za pranje leđa

ca bei shua

sapun

fei zao

gel za tuširanje

mu yu lu

šampon

xi fa shui

krpa za pranje

fa lan rong

odvod

pai shui

krema

ru shuang

dezodorans

chu chou ji

ogledalo

jing zi

kozmetičko ogledalo

shou jing

brijač

ti xu dao

pjena za brijanje

ti xu pao mo

losion za poslije brijanja

xu hou shui

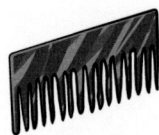

češalj

shu zi

četka

shua zi

sušilo za kosu

chui feng ji

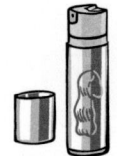

sprej za kosu

pen fa ding xing ji

makeup

hua zhuang pin

ruž za usne

chun gao

lak za nokte

zhi jia you

vata

hua zhuang mian

škare za nokte

zhi jia jian

parfem

xiang shui

neseser

xi shu bao

stolica

deng zi

vaga

ji zhong cheng

ogrtač

yu pao

rukavice za čišćenje

xiang jiao shou tao

tampon

wei sheng mian tiao

uložak

wei sheng jin

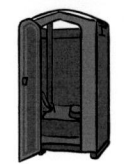

kemijski toalet

hua xue ce suo

dječija soba

er tong fang

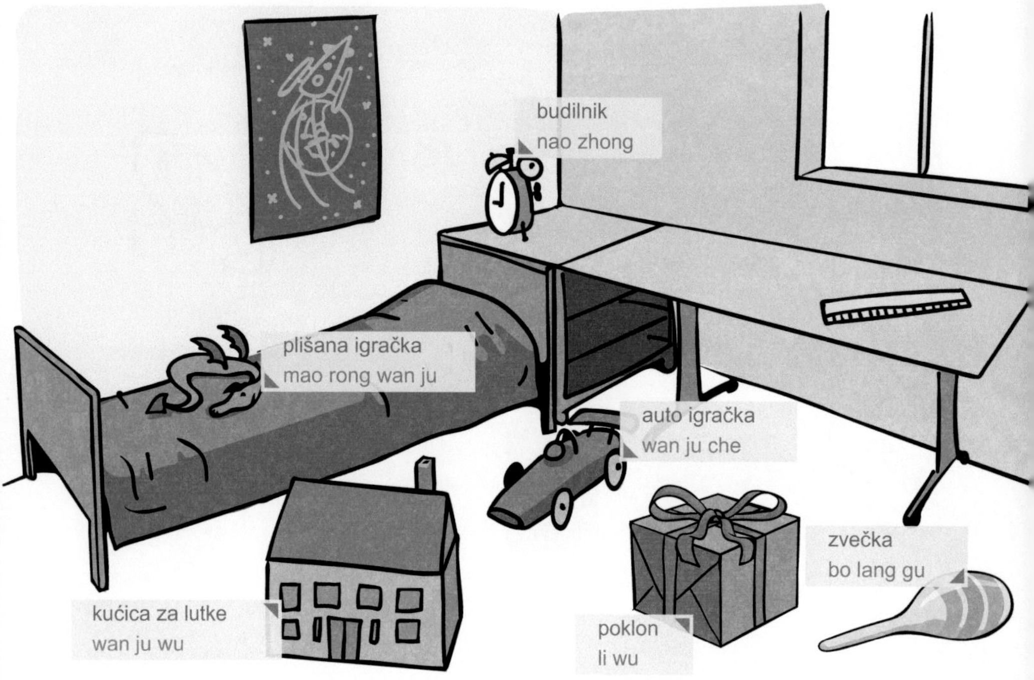

budilnik
nao zhong
plišana igračka
mao rong wan ju
auto igračka
wan ju che
zvečka
bo lang gu
kućica za lutke
wan ju wu
poklon
li wu

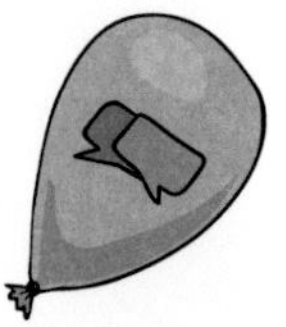

balon

qi qiu

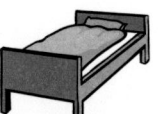

krevet

chuang

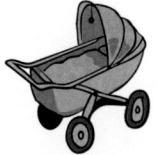

dječija kolica

(yang wa wa yong)ying er che

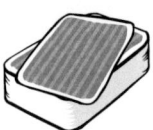

igra s kartama

pu ke pai

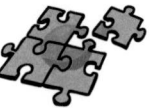

slagalica

pin tu

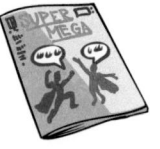

strip

man hua

lego kockice

le gao ji mu

kockice za slaganje

ji mu wan ju

akcioni junak

wan ju ren

kombinezon za bebe

ying er fu

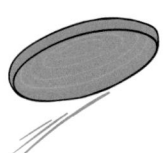

frizbi

fei pan

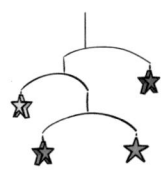

viseće igračke

chuang ling wan ju

društvene igre

qi pan you xi

kocka

shai zi

minijaturna željeznica

huo che mo xing

duda

an fu nai zui

tulum

ju hui

slikovnica

hui ben

lopta

qiu

lutka

yang wa wa

igrati

wan

pješčanik

sha keng

ljuljačka

qiu qian

igračka

wan ju

konzola za igre

you xi ji

tricikl

san lun che

plišani medo

tai di xiong

ormar

yi chu

odjeća

yi fu

kratke čarape

wa zi

čarape

chang wa

hulahopke

jin shen ku

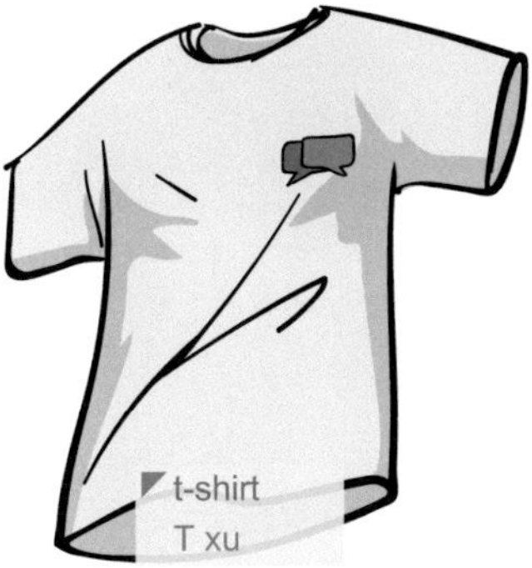

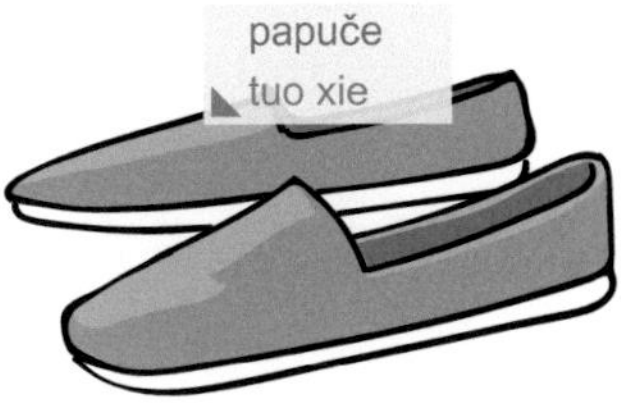

šal
wei jin

kaiš
pi dai

kišobran
yu san

t-shirt
T xu

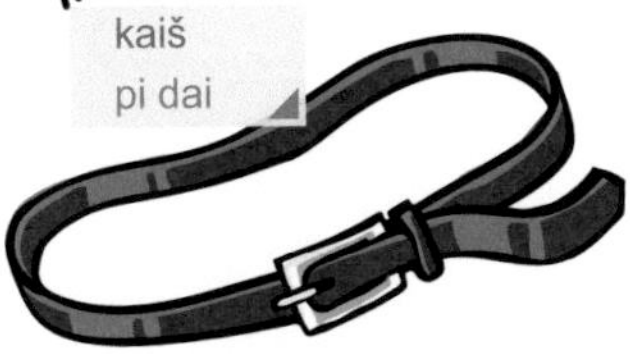

čizme
xue zi

papuče
tuo xie

patike
yun dong xie

sandale

liang xie

cipele

xie

gumene čizme

yu xue

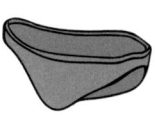

gaćice

nei ku

grudnjak

xiong zhao

potkošulja

bei xin

bodi

shen ti

hlače

ku zi

džins

niu zai ku

haljina

duan qun

bluza

nü shi chen shan

košulja

chen shan

džemper

tao tou shan

pulover s kapuljačom

wei yi

blejzer

xi zhuang jia ke

jakna

jia ke

kaput

wai tao

kabanica

yu yi

kostim

tao zhuang

haljina

lian yi qun

vjenčanica

hun sha

odijelo

xi zhuang

spavaćica

shui pao

pidžama

shui yi

sari

sha li

rubac

tou jin

turban

bao tou jin

burka

bo ka

kaftan

ka fu tan

abaja

(a la bo shi)chang pao

kupaći kostim

yong yi

kupaće gaćice

nan shi yong ku

kratke hlače

duan ku

odjeća za trening

yun dong fu

pregača

wei qun

rukavice

shou tao

gumb

niu kou

naočale

yan jing

narukvica

shou lian

ogrlica

xiang lian

prsten

jie zhi

naušnica

er huan

kapa

bian mao

vješalica

yi jia

šešir

mao zi

kravata

ling dai

patent zatvarač

la lian

kaciga

tou kui

naramenice

bei dai

školska uniforma

xiao fu

uniforma

zhi fu

podbradak

wei dou

duda

an fu nai zui

pelena

niao bu shi

ured

ban gong shi

server
fu wu qi

ormar za spise
wen jian gui

pisač
da yin ji

monitor
xian shi ping

papir
zhi

miš
shu biao

pisaći stol
ban gong zhuo

mapa
wen jian jia

tipkovnica
jian pan

stolica
yi zi

košara za papir
fei zhi kuang

računar
dian nao

šalica za kavu

ka fei bei

kalkulator

ji suan qi

internet

yin te wang

laptop

bi ji ben dian nao

pismo

xin jian

poruka

xiao xi

mobilni telefon

shou ji

mreža

wang luo

uređaj za kopiranje

fu yin ji

softver

ruan jian

telefon

dian hua

utičnica

cha zuo

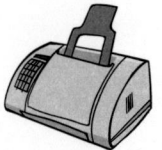

faks

chuan zhen ji

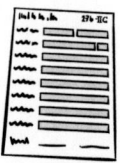

obrazac

biao ge

dokument

wen jian

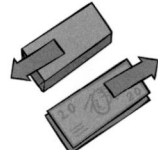

kupovati

mai

platiti

fu qian

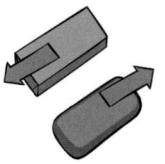

trgovati

jiao yi

novac

xian jin

dolar

mei yuan

euro

ou yuan

jen

ri yuan

rubalj

lu bu

švicarski franak

rui shi fa lang

renmindbi yuan

ren min bi

rupija

lu bi

automat za novac

ti kuan chu

mjenjačnica

wai bi dui huan chu

zlato

jin

srebro

yin

nafta

shi you

energija

neng yuan

cijena

jia ge

ugovor

he tong

porez

shui jin

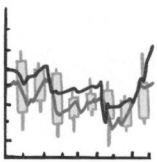

dionica

gu piao

raditi

gong zuo

službenik

zhi yuan

poslodavac

lao ban

tvornica

gong chang

prodavaonica

shang dian

zanimanja
zhi ye

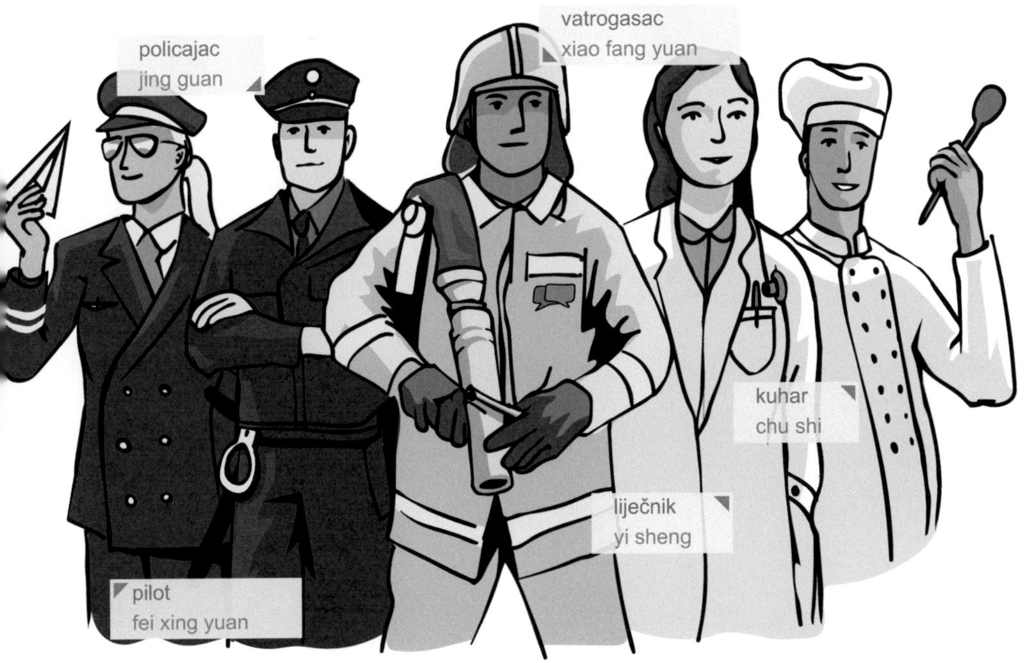

policajac
jing guan
vatrogasac
xiao fang yuan
kuhar
chu shi
liječnik
yi sheng
pilot
fei xing yuan

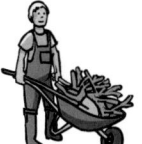

vrtlar

yuan ding

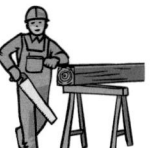

stolar

mu jiang

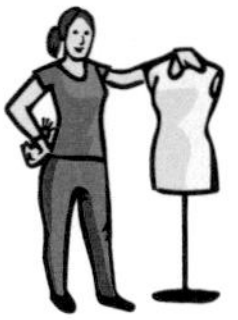

krojačica

cai feng

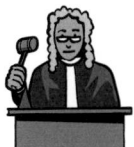

sudija

fa guan

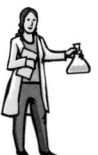

kemičar

hua xue jia

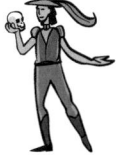

glumac

yan yuan

vozač autobusa

gong jiao che si ji

vozač taksija

chu zu che si ji

ribar

yu fu

čistačica

qing jie nü gong

krovopokrivač

wu ding gong

konobar

fu wu yuan

lovac

lie ren

slikar

hua jia

pekar

mian bao shi

električar

dian gong

građevinski radnik

jian zhu gong ren

inženjer

gong cheng shi

mesar

tu fu

limar

shui guan gong

poštar

you di yuan

vojnik

shi bing

arhitekta

jian zhu shi

blagajnik

shou yin yuan

cvjećar

hua nong

frizer

li fa shi

kondukter

shou piao yuan

mehaničar

ji xie shi

kapetan

chuan zhang

zubar

ya yi

znanstvenik

ke xue jia

rabi

la bi

imam

yi ma mu

monah

he shang

svećenik

mu shi

alati

gong ju

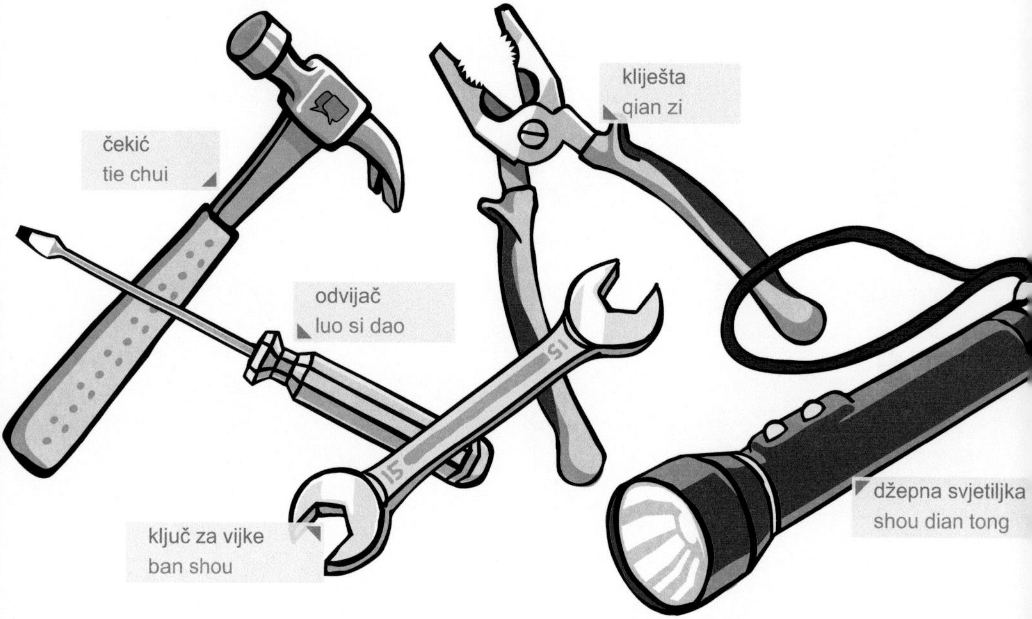
čekić
tie chui
kliješta
qian zi
odvijač
luo si dao
ključ za vijke
ban shou
džepna svjetiljka
shou dian tong

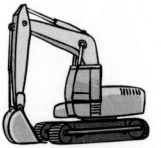

rovokopač

wa jue ji

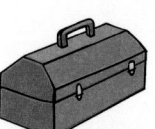

kutija za alat

gong ju xiang

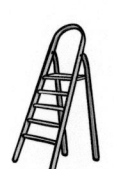

ljestve

ti zi

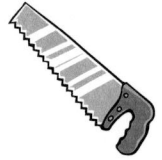

pila

ju zi

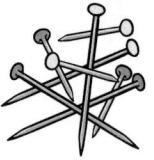

ekser

ding zi

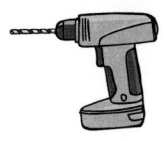

bušilica

zuan ji

popraviti

xiu

lopata

chan zi

Sranje!

kao!

lopatica

bo ji

lonac za boju

you qi tong

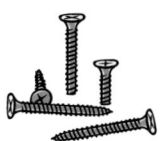

vijci

luo si

glazbeni instrument
yue qi

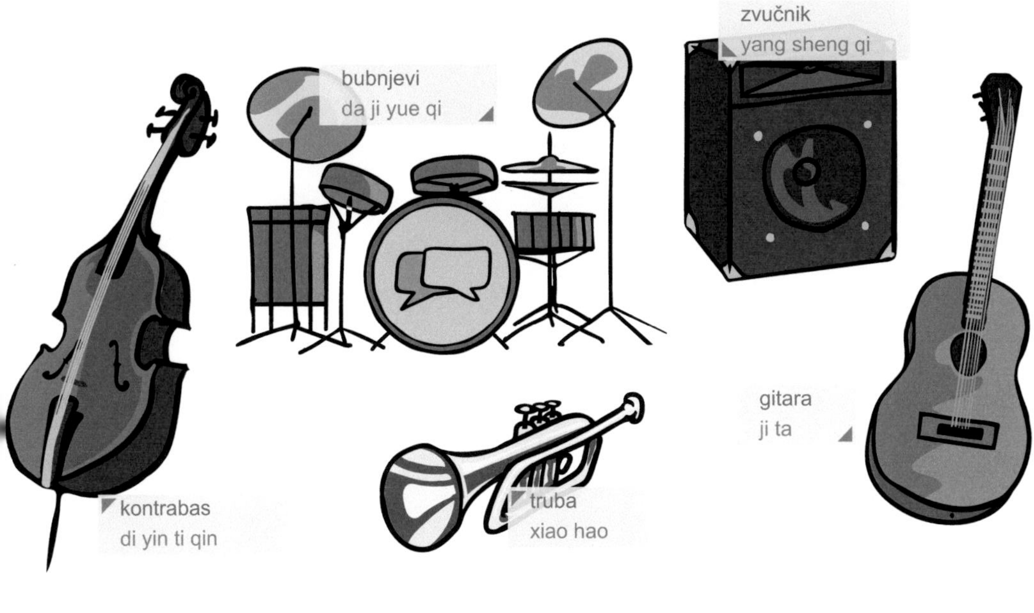

zvučnik
yang sheng qi

bubnjevi
da ji yue qi

kontrabas
di yin ti qin

truba
xiao hao

gitara
ji ta

klavir

gang qin

violina

xiao ti qin

bas

bei si

timpani

ding yin gu

udaraljke za bubnjeve

gu

keyboard

dian zi qin

saksofon

sa ke si guan

flauta

chang di

mikrofon

mai ke feng

zoološki vrt

dong wu yuan

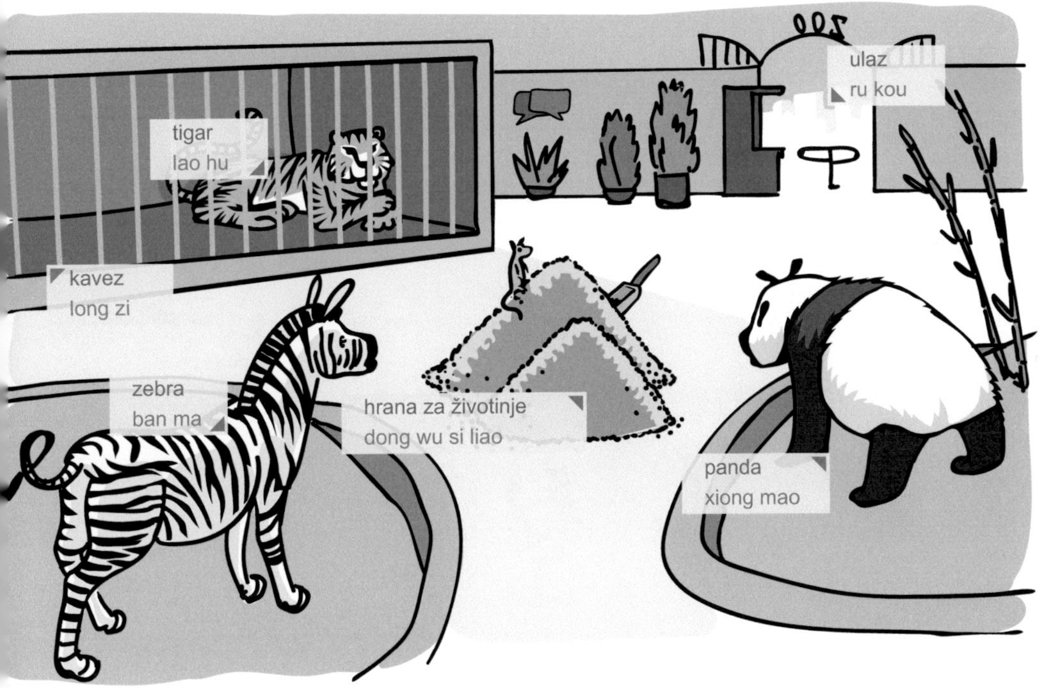
ulaz
ru kou
tigar
lao hu
kavez
long zi
zebra
ban ma
hrana za životinje
dong wu si liao
panda
xiong mao

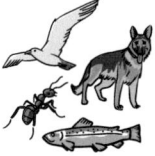

životinje

dong wu

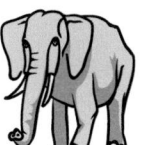

slon

da xiang

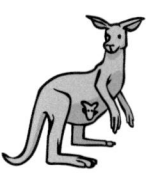

kengur

dai shu

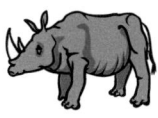

nosorog

xi niu

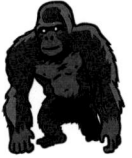

gorila

da xing xing

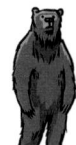

medvjed

xiong

kamila

luo tuo

noj

tuo niao

lav

shi zi

majmun

hou zi

flamingo

huo lie niao

papagaj

ying wu

polarni medvjed

bei ji xiong

pingvin

qi e

ajkula

sha yu

paun

kong que

zmija

she

krokodil

e yu

čuvar u zoološkom vrtu

dong wu yuan guan li yuan

tuljan

hai bao

jaguar

mei zhou bao

poni

ai zhong ma

leopard

bao

nilski konj

he ma

žirafa

chang jing lu

orao

lao ying

divlja svinja

ye zhu

riba

yu

kornjača

gui

morž

hai xiang

lisica

hu li

gazela

ling yang

američki nogomet
gan lan qiu

biciklizam
qi zi xing che

tenis
wang qiu

košarka
lan qiu

plivanje
you yong

boks
quan ji

hockey na ledu
bing qiu

nogomet
ying shi zu qiu

badminton
yu mao qiu

atletika
tian jing

rukomet
shou qiu

skijanje
hua xue

polo
ma qiu

aktivnosti
huo dong

smijati se
xiao
skočiti
tiao
zagrliti
yong bao
ići
zou lu
pjevati
chang
sanjati
zuo meng
moliti se
qi dao
poljubiti
qin wen

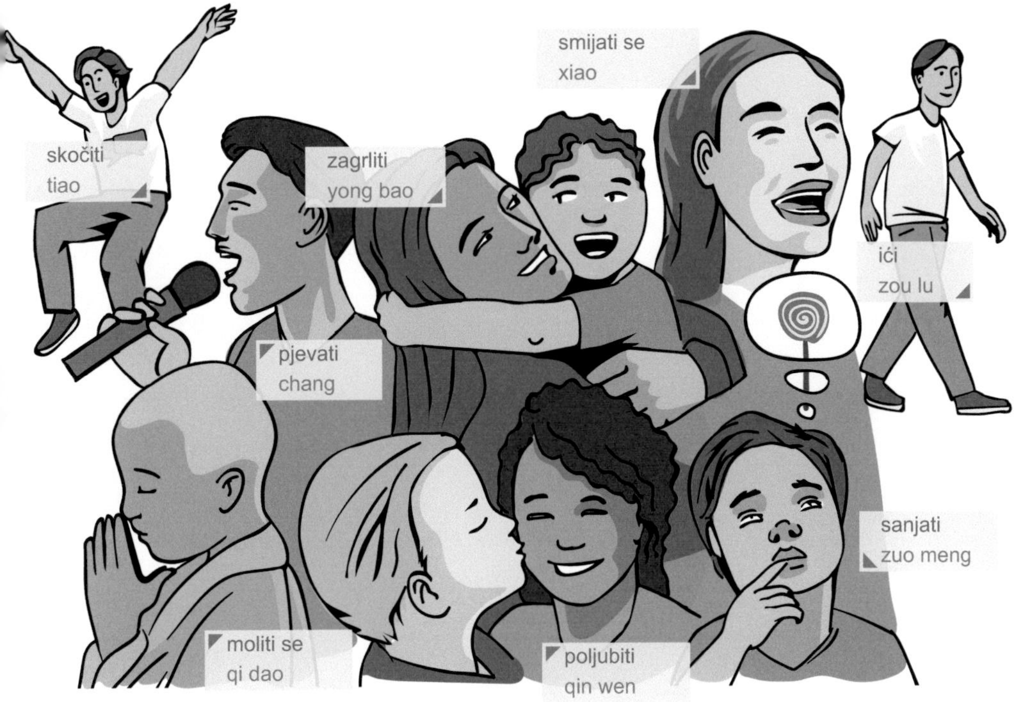

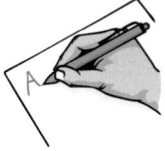

pisati
shu xie

crtati
hua

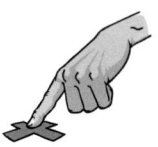

pokazati
zhan shi

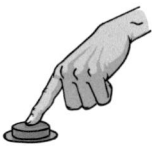

gurati
tui

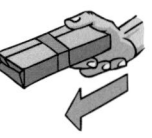

dati
gei

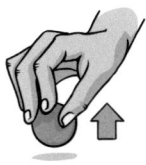

uzeti
na

imati

you

činiti

zuo

biti

dang

stojati

zhan

trčati

pao

povlačiti

la

baciti

reng

padati

shuai dao

ležati

tang

čekati

deng dai

nositi

xie dai

sjediti

zuo

oblačiti

chuan yi

spavati

shui jiao

probuditi se

xing lai

gledati

kan

plakati

ku

milovati

fu mo

češljati

shu tou

govoriti

jiao tan

razumjeti

ming bai

pitati

wen

slušati

ting

piti

he

jesti

chi

pospremiti

qing li

voljeti

ai

kuhati

zuo fan

voziti

kai che

letjeti

fei

ploviti

hang xing

računati

ji suan

čitati

du

učiti

xue xi

raditi

gong zuo

vjenčati se

jie hun

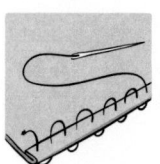

šiti

feng

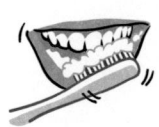

prati zube

shua ya

ubiti

sha

pušiti

chou yan

poslati

ji

baka
zu mu

djed
zu fu

otac
fu qin

majka
mu qin

beba
ying tong

kćerka
nü er

sin
er zi

gost

ke ren

tetka

a yi

ujak, stric

shu shu

brat

xiong di

sestra

jie mei

tijelo

shen ti

čelo
qian e
oko
yan jing
rame
jian bang
prst
shou zhi
lice
lian
brada
xia ba
ruka
shou
noga
tui
grudi
ru fang
ruka
shou bi

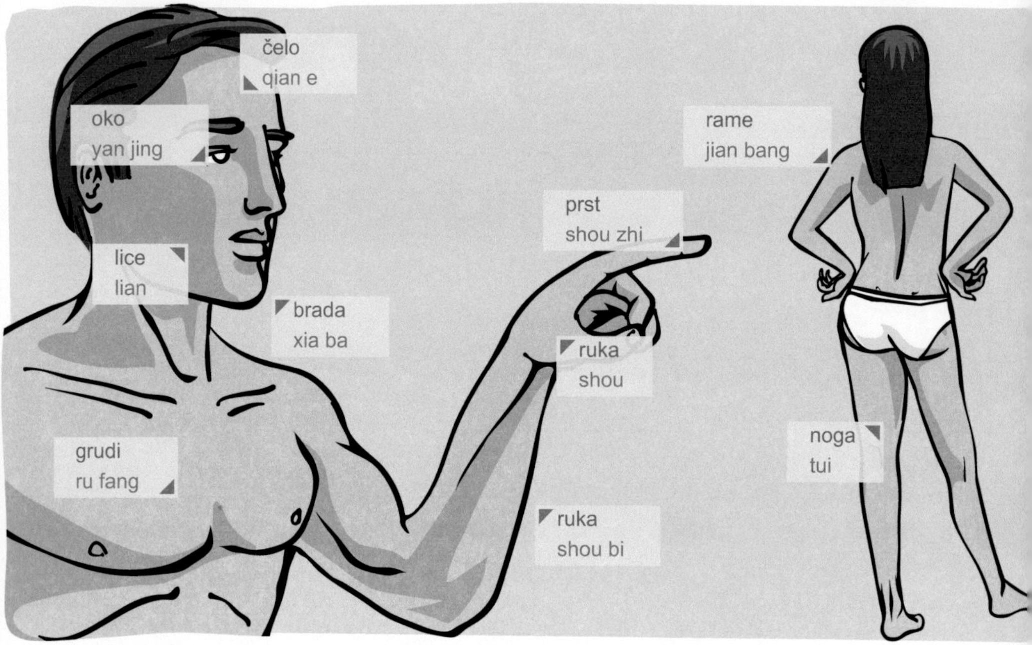

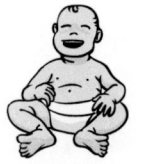

beba

ying tong

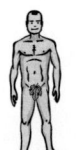

muškarac

nan ren

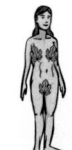

žena

nü ren

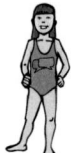

djevojčica

nü hai

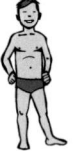

dječak

nan hai

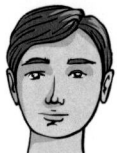

glava

tou

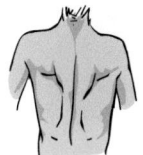

leđa

bei bu

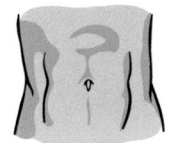

trbuh

du zi

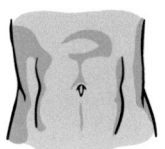

pupak

du qi

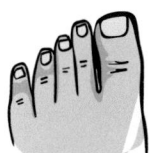

nožni prst

jiao zhi

peta

jiao hou gen

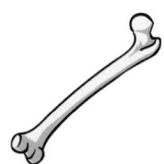

kost

gu tou

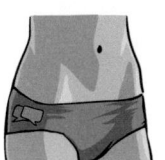

kuk

tun bu

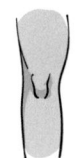

koljeno

xi gai

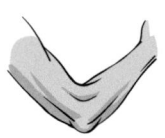

lakat

shou zhou

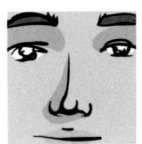

nos

bi zi

stražnjica

pi gu

koža

pi fu

obraz

lian jia

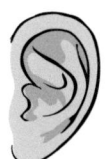

uho

er duo

usna

zui chun

usta

zui

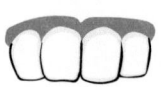

zub

ya chi

jezik

she tou

mozak

nao

srce

xin zang

mišić

ji rou

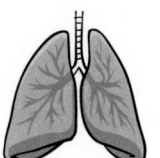

pluća

fei

jetra

gan zang

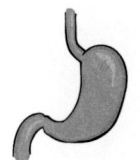

želudac

wei

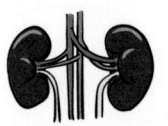

bubrezi

shen zang

snošaj

xing jiao

kondom

bi yun tao

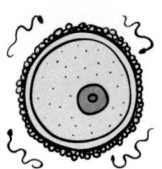

jajna stanica

luan zi

sperma

jing zi

trudnoća

huai yun

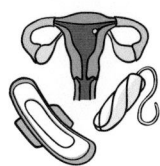

menstruacija

yue jing

vagina

yin dao

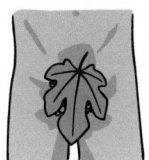

penis

yin jing

obrva

mei mao

kosa

tou fa

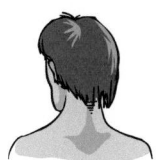

vrat

bo zi

bolnica
yi yuan

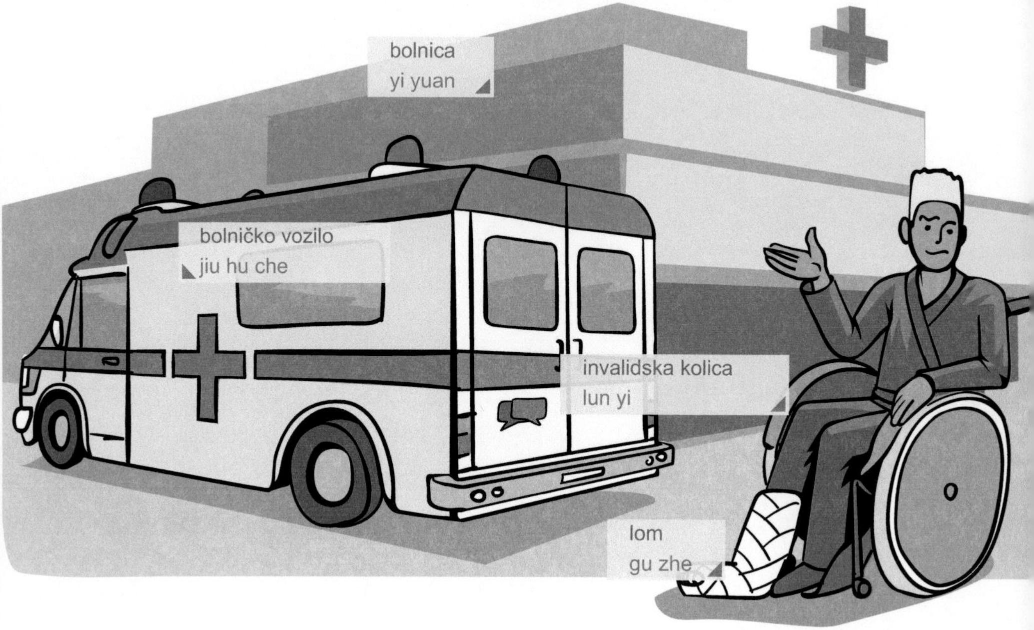

bolnica
yi yuan
bolničko vozilo
jiu hu che
invalidska kolica
lun yi
lom
gu zhe

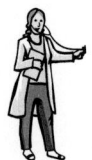

liječnik

yi sheng

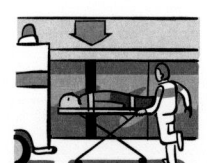

hitna medicinska služba

ji zhen shi

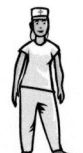

medicinska sestra

hu shi

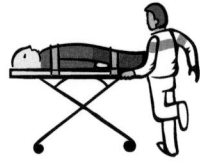

hitni slučaj

jin ji qing kuang

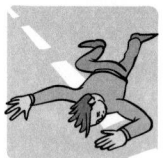

nesvijest

hun mi

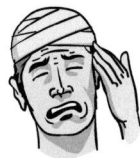

bol

tong

ozljeda

shou shang

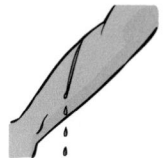

krvarenje

chu xue

srćani infarkt

xin zang bing fa zuo

moždani udar

zhong feng

alergija

guo min

kašalj

ke sou

groznica

fa shao

gripa

liu gan

proljev

fu xie

glavobolja

tou tong

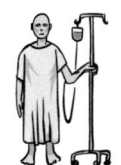

rak

ai zheng

dijabetes

tang niao bing

kirurg

wai ke yi sheng

skalpel

shou shu dao

operacija

shou shu

ct

CT

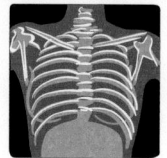

rentgen

X guang

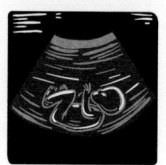

ultrazvuk

chao sheng bo

maska

kou zhao

bolest

ji bing

čekaonica

hou zhen shi

štaka

guai zhang

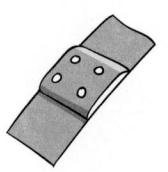

flaster

shi gao

zavoj

beng dai

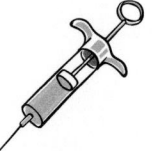

injekcija

zhu she

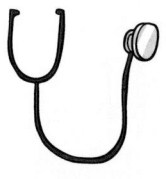

stetoskop

ting zhen qi

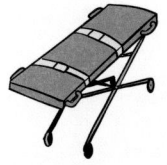

nosilo

dan jia

termometar

ti wen ji

rođenje

chu sheng

prekomjerna težina

chao zhong

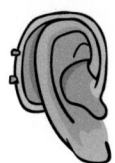

slušni aparat

zhu ting qi

sredstvo za dezinfekciju

xiao du ye

infekcija

gan ran

virus

bing du

hiv / sida

ai zi bing

medicina

yao wu

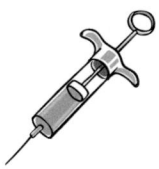

vakcinacija

jie zhong yi miao

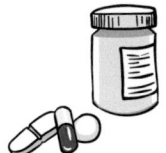

tablete

yao pian

pilula

yao wan

poziv u pomoć

ji jiu dian hua

uređaj za mjerenje tlaka

xue ya ji

bolesno / zdravo

sheng bing/jian kang

pomoć!

jiu ming!

alarm

jing bao

nasrtaj

tu ji

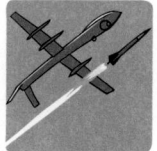

napad

gong ji

opasnost

wei xian

izlaz za nuždu

jin ji chu kou

požar!

zhao huo la!

vatrogasni aparat

mie huo qi

nezgoda

yi wai

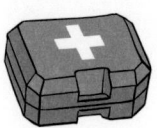

kofer prve pomoći

ji jiu xiang

sos

hu jiu xin hao

policija

jing cha

Europa

ou zhou

sjeverna amerika

bei mei zhou

južna amerika

nan mei zhou

Afrika

fei zhou

Azija

ya zhou

Australija

ao zhou

Atlantik

da xi yang

Pacifik

tai ping yang

ocean

yin du yang

antarktički ocean

nan bing yang

arktički ocean

bei bing yang

sjeverni pol

bei ji

južni pol

nan ji

Antarktik

nan ji zhou

zemlja

di qiu

zemlja

lu di

more

hai

otok

dao

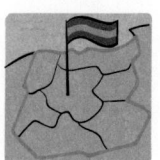

nacija

guo jia

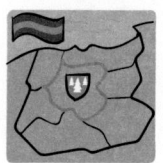

država

guo jia

brojčanik sata

zhong mian

satna kazaljka

shi zhen

minutna kazaljka

fen zhen

sekundna kazaljka

miao zhen

Koliko je sati?

xian zai ji dian?

dan

tian

vrijeme

shi jian

sada

xian zai

digitalni sat

dian zi biao

minuta

fen

sat

shi

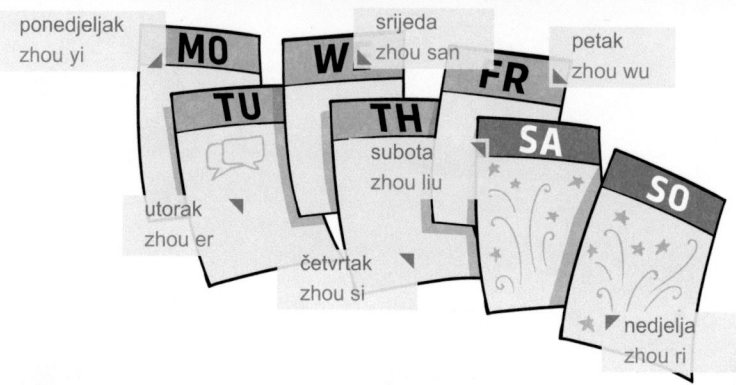

ponedjeljak
zhou yi

srijeda
zhou san

petak
zhou wu

subota
zhou liu

utorak
zhou er

četvrtak
zhou si

nedjelja
zhou ri

jučer

zuo tian

danas

jin tian

sutra

ming tian

jutro

zao chen

podne

zhong wu

večer

wan shang

MO	TU	WE	TH	FR	SA	SU
1	2	3	4	5	6	7
8	9	10	11	12	13	14
15	16	17	18	19	20	21
22	23	24	25	26	27	28
29	30	31	1	2	3	4

radni dani

gong zuo ri

MO	TU	WE	TH	FR	SA	SU
1	2	3	4	5	6	7
8	9	10	11	12	13	14
15	16	17	18	19	20	21
22	23	24	25	26	27	28
29	30	31	1	2	3	4

vikend

zhou mo

kiša
yu

duga
cai hong

vjetar
feng

snijeg
xue

proljeće
chun

ljeto
xia

jesen
qiu

zima
dong

4.APRIL	11°
5.APRIL	4°
6.APRIL	13°
7.APRIL	8°
8.APRIL	10°

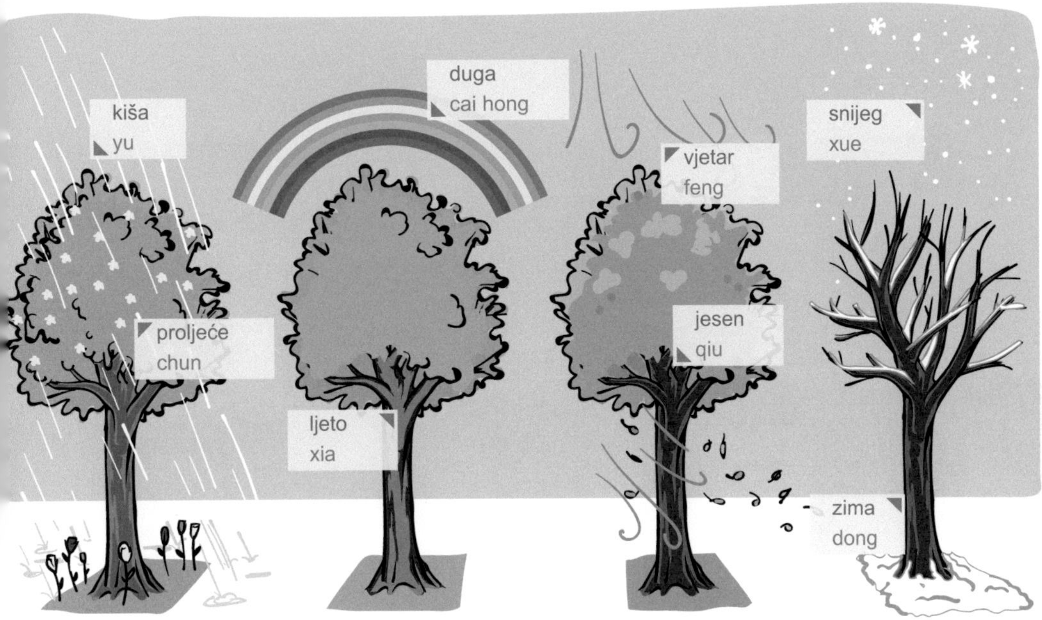

meteorološka prognoza

tian qi yu bao

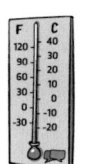

termometar

wen du ji

sunčana svjetlost

yang guang

oblak

yun

magla

wu

vlažnost zraka

chao shi

munja

shan dian

grmljavina

da lei

oluja

feng bao

tuča

bing bao

monsun

ji feng

poplava

hong shui

led

bing

siječanj

yi yue

veljača

er yue

ožujak

san yue

travanj

si yue

svibanj

wu yue

lipanj

liu yue

srpanj

qi yue

kolovoz

ba yue

godina - nian

rujan
jiu yue

listopad
shi yue

studeni
shi yi yue

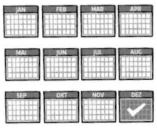

prosinac
shi er yue

oblici
xing zhuang

krug
yuan xing

kvadrat
zheng fang xing

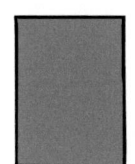

pravokutnik
chang fang xing

trokut
san jiao xing

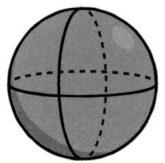

kugla
qiu ti

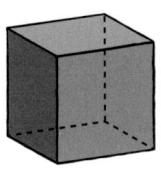

kocka
li fang ti

bijela

bai

žuta

huang

narančasta

cheng

ružičasta

fen

crvena

hong

ljubičasta

zi

plava

lan

zelena

lü

smeđa

zong

siva

hui

crna

hei

mnogo / malo

hen duo/shao xu

ljutito / mirno

sheng qi/ping jing

lijepo / ružno

mei/chou

početak / kraj

shou/wei

veliko / maleno

da/xiao

svijetlo / tamno

ming/an

brat / sestra

xiong di/jie mei

čisto / prljavo

gan jing/ang zang

potpuno / nepotpuno

wan zheng/que shi

dan / noć

bai tian/wan shang

mrtvo / živo

si/sheng

široko / usko

kuan/zhai

jestivo / nejestivo

ke shi yong/fei shi yong

zlo / dobro

xie e/shan liang

uzbuđeno / dosadno

xing fen/wu liao

debelo / mršavo

pang/shou

na početku / na kraju

di yi/zui hou

prijatelj / neprijatelj

peng you/di ren

puno / prazno

man/kong

tvrdo / mekano

ying/ruan

teško / lagano

zhong/qing

glad / žeđ

e/ke

bolesno / zdravo

sheng bing/jian kang

ilegalno / legalno

fei fa/he fa

pametno / glupo

cong ming/yu ben

lijevo / desno

zuo/you

blizu / daleko

jin/yuan

novo / rabljeno

xin/jiu

ništa / nešto

mei you/you xie

staro / mlado

lao/you

uključeno / isključeno

kai/guan

otvoreno / zatvoreno

da kai/he shang

tiho / glasno

an jing/chao nao

bogato / siromašno

fu/qiong

točno / pogrešno

dui/cuo

hrapavo / glatko

cu cao/guang hua

tužno / sretno

shang xin/gao xing

kratko / dugo

duan/chang

polako / brzo

man/kuai

mokro / suho

shi/gan

toplo / hladno

wen nuan/liang shuang

rat / mir

zhan zheng/he ping

0

nula

ling

1

jedan

yi

2

dva

er

3

tri

san

4

četiri

si

5

pet

wu

6

šest

liu

7

sedam

qi

8

osam

ba

9

devet

jiu

10

deset

shi

11

jedanaest

shi yi

12

dvanaest

shi er

13

trinaest

shi san

14

četrnaest

shi si

15

petnaest

shi wu

16

šestnaest

shi liu

17

sedamnaest

shi qi

18

osamnaest

shi ba

19

devetnaest

shi jiu

20

dvadeset

er shi

100

stotinu

bai

1.000

tisuću

qian

1.000.000

milijun

bai wan

engleski

ying yu

američko engleski

mei shi ying yu

kinesko mandarinski

pu tong hua

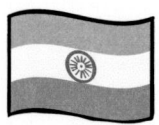

hindi

yin di yu

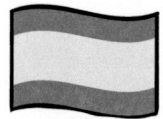

španjolski

xi ban ya yu

francuski

fa yu

arapski

a la bo yu

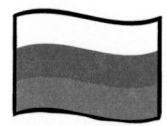

ruski

e yu

portugalski

pu tao ya yu

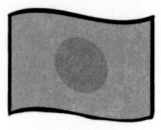

bengalski

feng jia la yu

njemački

de yu

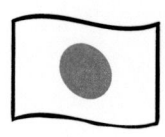

japanski

ri yu

ja

wo

ti

ni

on / ona / ono

ta/ta/ta

mi

wo men

vi

ni men

oni

ta men

tko?

shei?

što?

shen me?

kako?

zen yang?

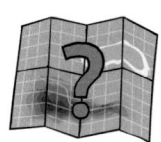

gdje?

na li?

kada?

shen me shi hou?

ime

ming zi

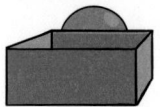

iza

hou mian

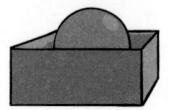

u

li mian

ispred

qian mian

preko

shang fang

na

shang mian

ispod

xia mian

pored

pang bian

između

zhong jian

mjesto

di dian